Das verrückte Chemie-Labor
Experimente für Kinder

Andreas Korn-Müller (»Magic Andy«),
1966 in Leverkusen geboren, ist promovierter Chemiker und Entertainer. Seit 1997 tourt er freiberuflich mit seinen Chemie-Shows durch Deutschland und Europa und erarbeitet Ausstellungen für Museen. Dies ist sein erstes Buch.
www.Science-Comedy.de

Alexander Steffensmeier
wurde 1977 in Ostwestfalen geboren. Seit 1998 studiert er an der Fachhochschule Münster Design mit dem Schwerpunkt Illustration.
Aktuelles über ihn kann man auch unter www.alexandersteffensmeier. de erfahren.

Andreas Korn-Müller (Text)
Alexander Steffensmeier (Bilder)
Das verrückte Chemie-Labor
Experimente für Kinder

Bibliografische Information der Deutschen Nationalbibliothek

Die Deutsche Nationalbibliothek verzeichnet diese Publikation in der Deutschen Nationalbibliografie; detaillierte bibliografische Daten sind im Internet über http://dnb.d-nb.de abrufbar.

5. Auflage 2009

Umschlaggestaltung: Heike Ossenkop pinxit, CH-Basel
unter Verwendung einer Illustration von Alexander Steffensmeier
Printed in Austria
ISBN 978-3-7941-9145-1
www.sauerlaender.de

Andreas Korn-Müller

Das verrückte Chemie-Labor

Experimente für Kinder

Mit Bildern von Alexander Steffensmeier

Sauerländer

WILLKOMMEN IN MAGIC ANDYS BRODELBUDE!

Chemie spielt in unserem Leben eine wichtige Rolle. Das hast du noch nicht gemerkt? Komm, wir nehmen dich mit auf eine spannende Führung durch unser Haus der Chemie!
Zu allen Versuchen findest du eine **Erklärung**, damit du verstehst, welche chemischen Vorgänge dabei eine Rolle spielen.

Wichtige Begriffe sind **fett** gedruckt. Du kannst sie hinten im Buch im Lexikon nachschlagen.

Alle, die die »heiße« Seite der Chemie mögen, sind im **Raketen-Labor** genau richtig (Seite 18 bis 27). Hier kannst du jede Menge Streichholz- oder Wasserraketen bauen. Welche fliegt am weitesten?

Stöbere im **Alchemisten-Labor** nach alten und geheimnisvollen Rezepten über Gold, Kristalle, schwarze Würmer und Geheimtinten: Seite 6 bis 17.

Sicherheitstipps

- Sei vorsichtig mit Hitze und Strom! Benutze nie scharfe Scheren, heiße Flüssigkeiten oder offenes Feuer ohne Hilfe eines Erwachsenen. Bitte deshalb bei allen Experimenten mit diesem Zeichen einen Erwachsenen um Hilfe.
- Trage eine Schutzbrille immer dann, wenn du dieses Zeichen siehst! Schutzbrillen erhältst du in Baumärkten. Chemikalien gehören nicht in den Mund!
- Achtung! Kupfersulfat und Eisensulfat sind gesundheitsschädlich beim Verschlucken und reizen die Augen und die Haut! Berührung mit den Augen und der Haut vermeiden!
- Alkohol und Feuerzeugbenzin sind leicht brennbare Flüssigkeiten und entzünden sich sehr schnell. Niemals mit offenem Feuer in Berührung bringen!

Im **Labor der Riesenmoleküle** (Seite 28 bis 35) erfährst du alles über den magischen weißen Brei, den Kleber aus Milch sowie einen Flummi aus Klebstoff. Mit Kunststoffflaschen machst du dir eine prima Zimmer-Deko.

Alle Chemikalien können stark verdünnt über das Abwassersystem entsorgt werden.

Im magischen **Zauber-Labor** (Seite 36 bis 46) kannst du die spektakulärsten Highlights der Chemie entdecken: Hier gibt es Verwandlungen in der Schüttelflasche und Glühfackeln, du kannst Kerzenflammen »ausgießen«, Handschuh-Blumen wie von Geisterhand wachsen lassen und leuchtendes Waschpulver herstellen.

Das Alchemisten-Labor

Johann war ein trauriger Chemiker. Sein König hatte ihn eingesperrt und ihm befohlen, dass er Gold machen sollte! Jahre lang hockte er Tag und Nacht in seinem Alchemisten-Labor und versuchte Gold herzustellen. Schau dich mal genau in seinem Labor um! Viele, viele Experimente hat er schon durchgeführt. Es ist zwar nie Gold dabei herausgekommen, aber dafür andere schöne Dinge wie eine glänzende Kupfermünze, ein farbiger Riesenkristall und sogar ein gruseliges Zauberpulver! Hier sind seine Experimente beschrieben. Probiere sie aus!

In einem echten Alchemistenlabor brannten immer einige Feuer. Wegen der Hitze hat sich Johann feuchte Tücher um den Kopf gewickelt.

Johann schreibt seine Notizen in alchemistischer Geheimschrift.

GLÄNZENDE KUPFERMÜNZE

Fülle das Glas mit etwas Zitronensaft und lege die dunklen Kupfermünzen (1-, 2- oder 5-Cent-Münzen) hinein. Nach wenigen Minuten sehen die Münzen wieder glänzend aus.

◆ **Erklärung**

Gegenstände aus Kupfer reagieren mit dem **Sauerstoff** in der Luft und überziehen sich im Laufe der Zeit mit einer dunkelbraunschwarzen, matten Kupfer**oxid**-Schicht. Beobachte z. B. neue Dachrinnen aus glänzendem Kupfer! Mit der Zeit **oxidiert** das Kupfer und sie werden matt.

Die Fruchtsäure im Zitronensaft reagiert mit dem Kupferoxid und löst es auf. Die Kupfermünzen werden wieder glänzend und sehen aus wie neu.

Du brauchst:

- *dunkle, angelaufene Kupfermünzen (Cents)*
- *Zitronensaft (frisch gepresst oder gekauft)*
- *1 Glas oder Becher*

GRÜNSPAN

Nimm eine der glänzenden Kupfermünzen und lege sie auf einem Teller auf ein mit Essig getränktes Küchenpapiertuch. Nach einigen Stunden bildet sich auf der Unterseite der Münze ein grüner Belag.

◆ **Erklärung**

Die im Essig enthaltene Essigsäure reagiert mit Kupfer zu einer grünen Verbindung (Kupferacetat – im Volksmund Grünspan genannt). Ähnlich grüne Beschichtungen, die so genannte Patina, siehst du auf Türmen, Kirchen und historischen Gebäuden: In Gegenwart von Kohlenstoffdioxid (CO_2) – vor allem in Städten – bildet sich auf der Kupferoberfläche grünes Kupfercarbonat ($CuCO_3$). In der Nähe vom Meer bildet die salzhaltige Luft (NaCl) mit dem Kupfer grünes Kupferchlorid ($CuCl_2$). Die Patina ist übrigens meistens erwünscht, denn Grün sieht einfach schöner aus als Braun-Schwarz.

Du brauchst:

- *glänzende Kupfermünze*
- *Küchenpapiertuch*
- *Essig*
- *Teller*

FARBIGER RIESENKRISTALL

Du brauchst:

- *100 g Alaunpulver (Apotheke) oder*
- *100 g Kupfersulfat (Apotheke)*
- *flüssige Lebensmittelfarbe (Supermarkt)*
- *Wasser*
- *3 Gläser oder Becher (ca. 0,2 l)*
- *Topflappen*
- *Bleistift*
- *Pinzette*
- *Esslöffel (EL)*
- *Teelöffel (TL)*
- *Zwirn oder Bindfaden*
- *Frischhaltefolie oder Stück Papier*

Löse esslöffelweise Alaun in einem Glas mit heißem Wasser unter ständigem Umrühren bis keine weitere Auflösung mehr erfolgt (das kann bis zu 3 Minuten dauern!). Du musst so viel Alaunpulver (etwa 5–6 EL) in das heiße Wasser geben, bis sich trotz Umrühren nichts mehr löst. Das Alaun bleibt dann am Boden liegen (so genannter Bodensatz). Gieße die heiße Lösung (Hände schützen!) vorsichtig in ein frisches Glas um, sodass der Bodensatz im ersten Glas zurückbleibt. Lass die Alaun-Lösung in dem neuen Glas abkühlen, bis sie lauwarm geworden ist. Binde das eine Ende des Zwirnsfadens an den Bleistift. Lege nun den Bleistift quer über das Glas, sodass das andere Ende des Fadens in der Mitte hängt und tief in die Alaun-Lösung eintaucht. Während die Flüssigkeit noch weiter abkühlt, scheiden sich nach einigen Stunden am Gefäßboden und am Zwirnsfaden Kriställchen ab. Entferne von dem Faden mit einer

Pinzette alle Kristalle bis auf den größten und gieße die Lösung (ohne die am Boden abgesetzten Kristalle!) in ein drittes Glas. Hänge den Faden mit dem großen Kristall wieder in die Lösung und stelle das Gefäß nun an einen ruhigen Platz. Damit die Flüssigkeit nicht zu schnell verdunstet, solltest du das Glas mit Frischhaltefolie oder Papier abdecken. Im Laufe von Tagen bis Wochen wächst ein Kristall von mehreren Zentimetern Größe heran. Wenn du zu der Lösung etwa 2 TL Lebensmittelfarbe gibst, entstehen farbige Kristalle!
Statt Alaun kannst du auch Kupfersulfat (100 g) verwenden, das wunderschöne blaue, rautenförmige Kristalle bildet.

Alaun = farblose Verbindung aus Aluminium, Kalium, Schwefel und Sauerstoff

mit Lebensmittelfarbe gefärbte Alaun-Kristalle

ein blauer Kupfersulfat-Kristall

Du brauchst:

- *600 g Natriumsulfat Decahydrat = Glaubersalz (Apotheke)*
- *400 ml Wasser*
- *2 kleine, sorgfältig gereinigte Kochtöpfe (aus Edelstahl)*
- *Herd*
- *Thermometer (bis ca. 60 °C)*
- *Messbecher*
- *Geschirrtuch*
- *Kaffeefilter und Filtertrichter*
- *hohes Glas (0,4 l)*

KRISTALLWACHSTUM IM AFFENTEMPO!

Bitte einen Erwachsenen dir bei diesem Experiment zu helfen! Gieße 400 ml Wasser in einen Kochtopf und gebe ca. 600 g Glaubersalz hinzu (einige wenige Kristalle für später aufbewahren!). Stell den Topf nun auf die Herdplatte und erwärme die Flüssigkeit unter Umrühren langsam auf 40–60 °C (Stufe 2, Thermometer!). Wenn sich alles gelöst hat, kannst du die heiße Lösung durch den Kaffeefilter in den zweiten, sorgfältig gereinigten Kochtopf filtrieren. Erhitze nun die filtrierte Lösung bis zum Kochen. Dann lässt du den Topf möglichst ruhig und vollständig abgedeckt mit einem Geschirrtuch stehen und auf Zimmertemperatur abkühlen (dies dauert einige Stunden).

Falls sich auf der Oberfläche während des Abkühlens schon Kristalle bilden, musst du die Lösung unbedingt noch mal filtrieren!

Wenn sich die klare Glaubersalz-Lösung auf Zimmertemperatur abgekühlt hat, nimmst du das Tuch weg und wirfst einige kleine Glaubersalzkristalle in die Mitte der Lösung hinein. Augenblicklich bietet sich ein einzigartiges Schauspiel! Aus den hineingeworfenen Kristallen schießen plötzlich innerhalb weniger Sekunden nach allen Richtungen schnell wachsende Kristallnadeln hervor, die in kürzester Zeit den gesamten Inhalt des Topfes in eine eisartige Masse verwandeln.

Wenn du nun die überschüssige Lösung vorsichtig abgießt, bleibt ein wunderschönes Kristallmuster im Topf zurück.

Sei nicht enttäuscht, wenn es nicht gleich beim ersten Mal klappt. Dies ist der schwierigste und anspruchvollste Versuch in diesem Buch! Manchmal kristallisiert die Lösung schon beim Abkühlen komplett aus. Dann musst du bei der Durchführung noch sorgfältiger arbeiten. Oft reichen auch nur geringe Erschütterungen um die Kristallisation auszulösen. Manchmal kristallisiert die Lösung aber auch erst, wenn man sie in den Kühlschrank gestellt hat. Probiere aus, was passiert, wenn du die Mengen an Natriumsulfat und Wasser veränderst.

Natriumsulfat Decahydrat = Natriumsulfat mit 10 Kristallwasser-Molekülen pro Natriumsulfat-Molekül: $Na_2SO_4 \times 10\ H_2O$

◆ **Erklärung**

In heißem Wasser löst sich mehr Salz als in kaltem Wasser. Wenn sich die Lösung also von 100 °C auf Zimmertemperatur abkühlt, trägt sie einen großen Überschuss an Salz in sich. Dieses überschüssige Salz kann aber nicht aus der Lösung »heraus«, es benötigt eine »Tür«. Normalerweise sind winzige Verunreinigungen und winzige, ungelöste Kriställchen die »Türen«, die so genannten Kristallisationskeime. An diesen Keimen kristallisiert das überschüssige Salz aus (das passiert z. B. beim Experiment »farbiger Riesenkristall«). Doch durch das Filtrieren und Kochen wurden Verunreinigungen und feinste Natriumsulfatkriställchen aus dem Topf entfernt, sodass der Lösung keine Kristallisationskeime zur Verfügung stehen. Erst wenn du einen kleinen Natriumsulfat-Kristall in die übersättigte Salzlösung wirfst, kristallisiert das überschüssige Salz schlagartig aus.

Wenn man die aufgekochte Lösung in einem Glas statt in einem Topf abkühlen lässt und dann die Kristalle hineinwirft, kann man beobachten, wie die Kristalle von oben nach unten hindurchschießen.

GRUSELIGES ZAUBERPULVER (SCHWARZE WÜRMER)

Du brauchst:

- *Puderzucker*
- *Backpulver*
- *»Emser Pastillen« ohne Menthol, mit Zucker (Drogeriemarkt/Apotheke)*
- *Brennspiritus oder Feuerzeugbenzin (Supermarkt/Drogerie)*
- *Streichhölzer oder Feuerzeug*
- *feuerfeste Unterlage (Steinplatte, Marmeladenglasdeckel)*
- *dicht schließenden Behälter (Marmeladenglas)*
- *kleine Schüssel*
- *Teelöffel (TL)*
- *Sand oder Blumenerde*

Mische 4 TL Puderzucker mit 1 TL Backpulver in der Schüssel und bewahre dieses »Zauberpulver« in einem dicht schließenden Behälter auf.
Um schwarze »Würmer« entstehen zu lassen, musst du zusammen mit einem Erwachsenen folgendes tun:
Gib 1–2 TL des »Zauberpulvers« auf eine feuerfeste Unterlage im Freien und gieße vorsichtig einige Spritzer Brennspiritus oder Feuerzeugbenzin darauf. Alkohol-/Benzinflasche verschließen und in sicherer Entfernung lagern! Entzünde das Pulver mit einem Streichholz oder einem Feuerzeug. Vorsicht!
Zuerst verbrennt der Alkohol mit blauer bzw. das Benzin mit gelber Flamme und erhitzt dabei das Pulver. Nach kurzer Zeit wachsen aus dem Pulver langsam etliche kleine schwarze »Würmer« heraus.

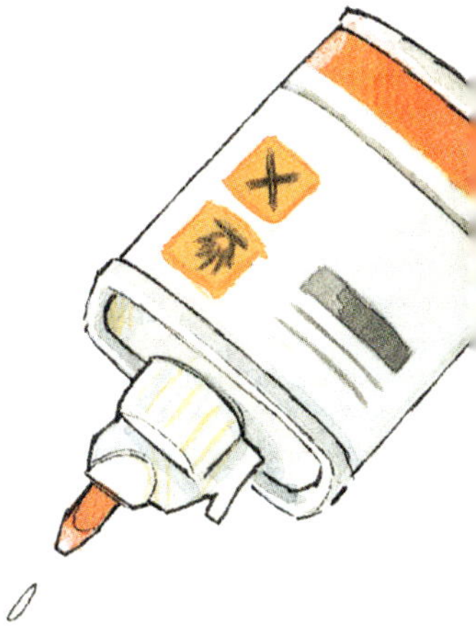

Mit »Emser Pastillen« kannst du einen etwa fingerdicken und bis zu 30 cm langen schwarzen »Wurm« entstehen lassen:
Schütte etwas Sand oder Blumenerde zu einem kleinen Kegel auf der feuerfesten Unterlage im Freien auf. Nimm 2–3 »Emser Pastillen« und stecke sie Fläche an Fläche senkrecht auf die Spitze des Sandkegels. Befeuchte die Tabletten mit Alkohol oder Benzin. Alkohol-/Benzinflasche verschließen und in sicherer Entfernung lagern! Entzünde die Tabletten mit einem Streichholz! Vorsicht!

◆ **Erklärung**

Sowohl »Emser Pastillen« als auch das »Zauberpulver« bestehen aus Zucker und Natriumhydrogencarbonat ($NaHCO_3$). Auch Backpulver enthält $NaHCO_3$. Bei Erwärmung schmilzt der Zucker, zersetzt sich, verbrennt und wird schwarz. Gleichzeitig zersetzt sich in der Hitze das Natriumhydrogencarbonat zu Kohlenstoffdioxid (CO_2). Dieses wirkt als Treibmittel und bläht so die Zersetzungsprodukte des Zuckers zu einem schwarzen »Asche-Wurm« auf.

Alle seine Rezepturen und Mischungen hat Johann haargenau in sein großes Laborbuch aufgeschrieben. Da seine Experimente wertvolle Entdeckungen hervorbringen sollten, mussten die Ergebnisse streng geheim gehalten werden und wurden deshalb mit Geheimtinte aufgeschrieben. Drei verschiedene Geheimtinten kannst du ausprobieren!

GEHEIMTINTE AUS MILCH

Du brauchst:
- *Vollmilch oder fettarme Milch*
- *1 Becher*
- *2 Pinsel*
- *weißes Blatt Papier*
- *fein gemahlenen Pfeffer im Pfefferstreuer*

Gieße etwas Milch in den Becher. Nimm einen sauberen Pinsel, tauche ihn in die Milch und schreibe deine geheime Botschaft auf das weiße Blatt Papier. Lass die Schrift trocknen. Nach dem Trocknen kann die geheime Schrift wieder sichtbar gemacht werden: Streue Pfeffer auf das Blatt und verteile ihn vorsichtig mit dem zweiten Pinsel. Die Geheimschrift wird sichtbar!

◆ **Erklärung**

Das Wasser in der Milch (etwa 88 %) verdunstet und übrig bleiben das Fett, die **Kohlenhydrate** und die »klebrigen« **Eiweiße**, insbesondere das Kasein (sprich: Ka-se-in). An diesem Eiweiß bleiben die feinen Pfefferkörnchen haften und machen die Schrift sichtbar.

GEHEIME URALT-TINTE

Fülle die Gläser mit Wasser. Gib 1 TL Gerbsäure in Glas 1 (beschriften, damit du die Gläser nicht verwechselst!) und mit dem zweiten Löffel 1 TL Eisensulfat in Glas 2 (beschriften!). Rühre so lange um, bis sich die Stoffe im Wasser gelöst haben. Tauche den Pinsel in die gelbe Gerbsäure-Lösung und schreibe einen Text auf das Papier. Lass die Schrift trocknen. Nach dem Trocknen kann die geheime Schrift wieder sichtbar gemacht werden: Befeuchte den Schwamm / Wattebausch mit der Eisensulfat-Lösung und wische mit ihm über die Geheimschrift, die sofort mit violett-schwarzer Farbe sichtbar wird.

◆ **Erklärung**

Gelöste Eisenteilchen aus dem Eisensulfat reagieren mit Gerbsäure zu einer violett-schwarzen Verbindung. Du hast die schon seit Jahrhunderten bekannte und auch heute noch am meisten verwendete Schreibtinte, die so genannte Eisengallustinte, hergestellt!

Übrigens wird Gerbsäure aus so genannten Galläpfeln gewonnen, die vor allem an den Blättern von Eichen zu finden sind. Eichgalläpfel (bis zu 1 cm Durchmesser) kannst du im September bis November sammeln! Sie bestehen aus über 75 % Gerbsäure. Eichenrinde enthält dagegen nur etwa 13 %. Wenn du einen Gallapfel zusammen mit einer Eisentablette und etwas Wasser in ein Glas gibst und über Nacht stehen lässt, erhältst du tiefdunkle Tinte.

Achtung! Eisensulfat ist gesundheitsschädlich beim Verschlucken und reizt die Augen und die Haut! Berührung mit den Augen und der Haut vermeiden!

Du brauchst:

- *Wasser*
- *ca. 10 g Gerbsäure = Tannin (Apotheke/Drogeriemarkt)*
- *ca. 20 g Eisensulfat (Apotheke)*
- *2 Gläser oder Becher (ca. 0,2 l)*
- *2 Teelöffel (TL)*
- *Pinsel*
- *kleinen Schwamm oder Wattebausch*
- *Stift (wasserfest)*
- *weißes Blatt Papier*

Hier ein Gallapfel auf einem Eichenblatt.

GEHEIMTINTE AUS ZITRONENSAFT

Du brauchst:

- *1 Zitrone*
- *Küchenmesser*
- *Zitronenpresse*
- *1 Glas*
- *Pinsel*
- *Bügeleisen*
- *weißes Blatt Papier*

Schneide die Zitrone in zwei Hälften und presse sie aus. Gieße den Saft in das Glas. Tauche den Pinsel in den Saft und schreibe deine Nachricht auf das Papier. Lass die Schrift trocknen. Nach dem Trocknen kann die geheime Schrift wieder sichtbar gemacht werden: Bitte einen Erwachsenen ein sehr heißes Bügeleisen mehrmals über die Rückseite des Papiers zu schieben. Die Botschaft erscheint mit brauner Farbe.

◆ **Erklärung**

Hitze verbrennt Papier. Würde das heiße Bügeleisen lange auf dem Papier bleiben, dann würde das Papier allmählich braun werden und schließlich mit schwarzer Farbe verkohlen. Der Zitronensaft (und auch andere Flüssigkeiten) fördern die Papierverkohlung. Die Stellen auf dem Papier, die mit Zitronensaft bestrichen wurden, werden beim Erhitzen daher zuerst braun. Kriegsgefangene benutzten diese Geheimtinte um Botschaften aus dem Gefängnis zu schmuggeln. Statt einem Bügeleisen verwendeten sie Kerzen zur Entschlüsselung.

Probiere auch andere Flüssigkeiten aus: Milch, Apfelsaft, Tee, Cola, Zuckerlösung ...

Johann Friedrich Böttger hatte es nicht geschafft, Gold zu machen. Daher befahl ihm der König, dass er wenigstens das wertvolle »weiße Gold«, das Porzellan, herstellen sollte. Porzellan gab es zu dieser Zeit nämlich nur in China. Porzellan herzustellen war fast genauso schwierig wie das Gold-Problem. Johann experimentierte wie ein Weltmeister und nach zwei Jahren hatte er es tatsächlich geschafft. Der König ließ Johanns Porzellan prüfen, befand es für sehr gut und gründete 1710 eine Porzellanfabrik in Meißen. Diese Fabrik produziert das bis heute weltberühmte Meißner Porzellan.

CHEMISCHE RÄTSEL DES ALLTAGS

1. *Warum kommt Gold nur ungebunden, d. h. in reiner Form in der Natur vor, z. B. als Goldnuggets?*

a) Gold ist zu **edel**, um sich mit anderen **Elementen** zu verbinden.

b) Gold ist zu schwer, um sich mit anderen Elementen zu verbinden.

c) Gold ist zu tief in der Erde, um sich mit anderen Elementen zu verbinden.

2. *Der Ton besteht aus Silizium, Aluminium, Natrium und Sauerstoff und wird bei etwa 1400 °C zu Porzellan gebrannt. Nach dem Brennen sind die Porzellanteile merklich kleiner als vor dem Brennen. Woran liegt das?*

a) Weil das im Ton vorhandene Wasser verdampft.

b) Weil sich die Bestandteile verdichten.

c) Weil einzelne Bestandteile verglühen.

3. *Hauptbestandteil des Meißner Porzellans ist das so genannte Kaolin, eine bestimmte Tonart, das etwa 1700 auch in Meißen gefunden wurde. Woher stammt der Name Kaolin?*

a) Eigentlich hieß es früher Karoline, die eine Geliebte von Johann war.

b) Kaoling ist ein Berg in China, von dem ursprünglich der zur Porzellanherstellung erforderliche Ton gewonnen wurde.

c) Der Ton war so schwer, dass man jemanden damit k. o. schlagen konnte.

4. *Wie löscht ein »Tintenkiller« die Tinte weg?*

a) Der Tintenkiller saugt die Tinte vom Papier auf.

b) In der Spitze des Tintenkillers ist ein chemischer Stoff, der die blaue Tinte in eine farblose Verbindung umwandelt.

c) Durch das Reiben mit dem Tintenkiller wird die Tinte auf dem Papier zerstört.

Lösungen auf Seite 48

Das Raketen-Labor

Ohne Chemie keine Rakete! Das Herzstück einer Rakete ist ihr Triebwerk. In einem Raketentriebwerk erzeugt brennender Treibstoff Verbrennungsgase, die am hinteren Ende (Düse) mit hoher Geschwindigkeit ausströmen. Dabei werden die Gase rückwärts und die Rakete vorwärts gestoßen.

Das Space Shuttle startet mit zwei Feststoffraketen und einem Außentank, die später abgeworfen werden.

Die ersten Raketen flogen mit Schwarzpulver bereits vor 800 Jahren in China durch die Gegend, aber nicht ins Weltall. Die 1981 entwickelte Raumfähre Space Shuttle erreicht das Weltall bereits 10 Minuten nach dem Start. Sie wird von zwei verschiedenen Treibstoffen angetrieben. Diese beschleunigen das Space Shuttle auf 27 000 km/h! In dem Haupttriebwerk wird Wasserstoff mit **Sauerstoff** zu Wasserdampf verbrannt (etwa 4000 Liter pro Sekunde!). Die beiden Nebentriebwerke verbrennen einen festen Treibstoff. Dieser Treibstoff besteht aus Aluminiumpulver und **Kunststoff** als Brennmaterial und aus einer Sauerstoff abgebenden Substanz (Ammoniumperchlorat). In den Nebentriebwerken befinden sich rund eine Million Kilogramm Treibstoff!
Nicht ganz so gefährlich sind Streichholzraketen, die ebenfalls mit einem festen Treibstoff abheben. Probiere es aus!

Im Gegensatz zu anderen Raketen, von denen meist nur eine kleine Kapsel zurückkehrt, kann das Space Shuttle landen und wieder verwendet werden.

Im alten China wurden mit Raketen solche Brandpfeile gebaut.

STREICHHOLZRAKETE I

Du brauchst:

- *normale Holzstreichhölzer*
- *Pappstreichhölzer*
- *lange Streichhölzer*
- *Aluminiumfolie*
- *normale Büroklammern*
- *große Büroklammer*
- *Stecknadel*
- *Schere*
- *Kombi-Zange*
- *feuerfeste Unterlage (Steinplatte, Marmeladenglasdeckel)*

Schneide ein etwa 2,5 x 5 cm großes Stück Aluminiumfolie von der Alu-Rolle. Lege ein Streichholz zusammen mit der Stecknadel auf die Folie wie in der Abbildung gezeigt:

Die Nadelspitze muss das Streichholzköpfchen berühren! Nun rollst du die Alu-Folie über das Streichholzköpfchen und wickelst sie ganz fest um das Streichholz und die Nadel. Ziehe dann die Nadel vorsichtig heraus, sodass eine kleine Düsenöffnung entsteht.

Biege die große Büroklammer auf: So kannst du sie als »Startrampe« benutzen.

Deine Streichholzrakete muss auf einer nicht brennbaren Unterlage stehen. Nicht auf Personen oder brennbare Gegenstände zielen! Nur im Freien starten!

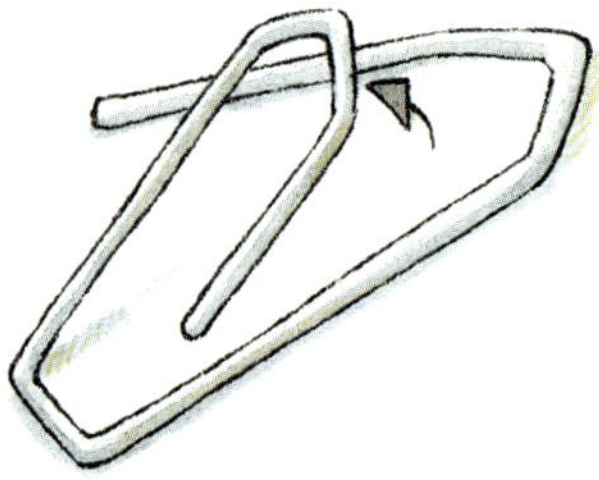

Zünde die Rakete, indem du ein brennendes Streichholz unter das eingewickelte Streichholzköpfchen hältst. Vorsicht! Es dauert einige Sekunden, bis die Rakete zündet. Pass auf deine Finger auf! Am besten verwendest du für die Zündung lange Streichhölzer oder du hältst das Zünd-Streichholz mit einer Zange fest.

Sobald sich das eingewickelte Streichholz entzündet, fliegt die Streichholzrakete mit einem Satz und viel Rauch einige Meter weit durch die Luft.

Wenn's nicht gleich beim ersten Mal klappt, nicht aufgeben! Warte bis die Rakete abgekühlt ist und forsche nach der Ursache. Die Alu-Folie muss sehr fest und dicht gewickelt sein, sie darf keine Löcher haben und muss absolut trocken sein. Es dürfen auch nicht zu viele Aluschichten gewickelt werden, da die Rakete sonst zu schwer wird und nicht abhebt. Außerdem wird es schwieriger, die Rakete zu zünden.

Probiere ein Pappstreichholz aus! Beobachte, was passiert!

Versuche die Düse ein bisschen größer zu machen, indem du das Ende einer Büroklammer anstelle der Stecknadel verwendest. Beobachte, was passiert!

Um die Rakete stärker zu machen, kannst du noch zusätzlich ein oder zwei abgeschnittene Streichholzköpfchen in die Alu-Folie einwickeln. Beobachte, was passiert! Vorsicht! Nicht mehr als insgesamt drei Streichholzköpfchen verwenden, da die Gasentwicklung sonst zu groß wird und die Folie aufplatzt.

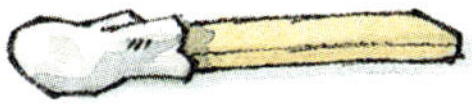

Varianten: Pappstreichhölzer

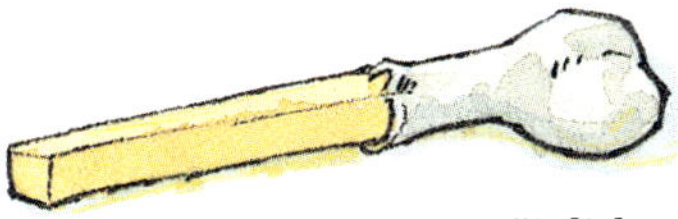

zusätzliches Streichholzköpfchen

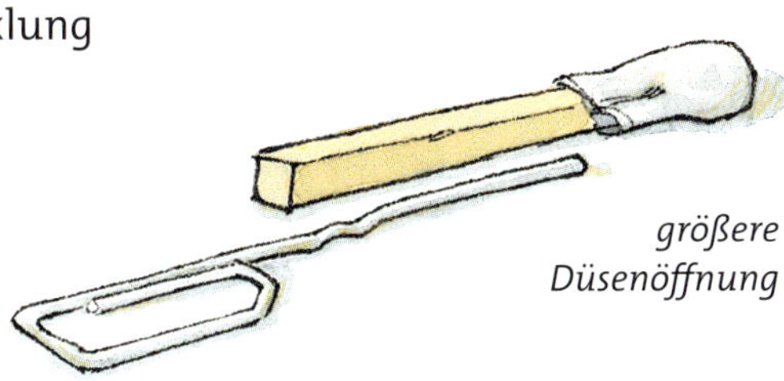

größere Düsenöffnung

STREICHHOLZRAKETE II

Lege zwei Streichhölzer Kopf an Kopf auf die Alu-Folie.
Nun rollst du die Alu-Folie über beide Streichholzköpfchen und wickelst das eine Köpfchen ganz fest, das andere locker ein.

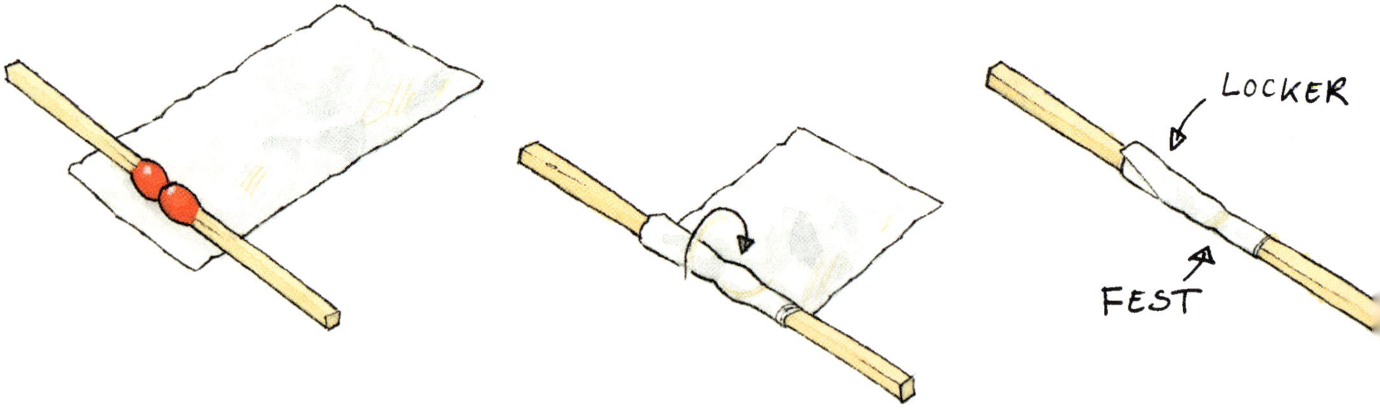

Biege die große Büroklammer auf und benutze sie als Startrampe. Stelle die Rakete so auf, dass der fest gewickelte Teil nach oben zeigt! Zünde die Rakete, indem du mit der Zange ein brennendes Streichholz unter *beide* eingewickelte Streichholzköpfchen hältst. Vorsicht! Nach der Zündung fliegt das obere Streichholz samt der Alu-Folie einige Meter weit durch die Luft.

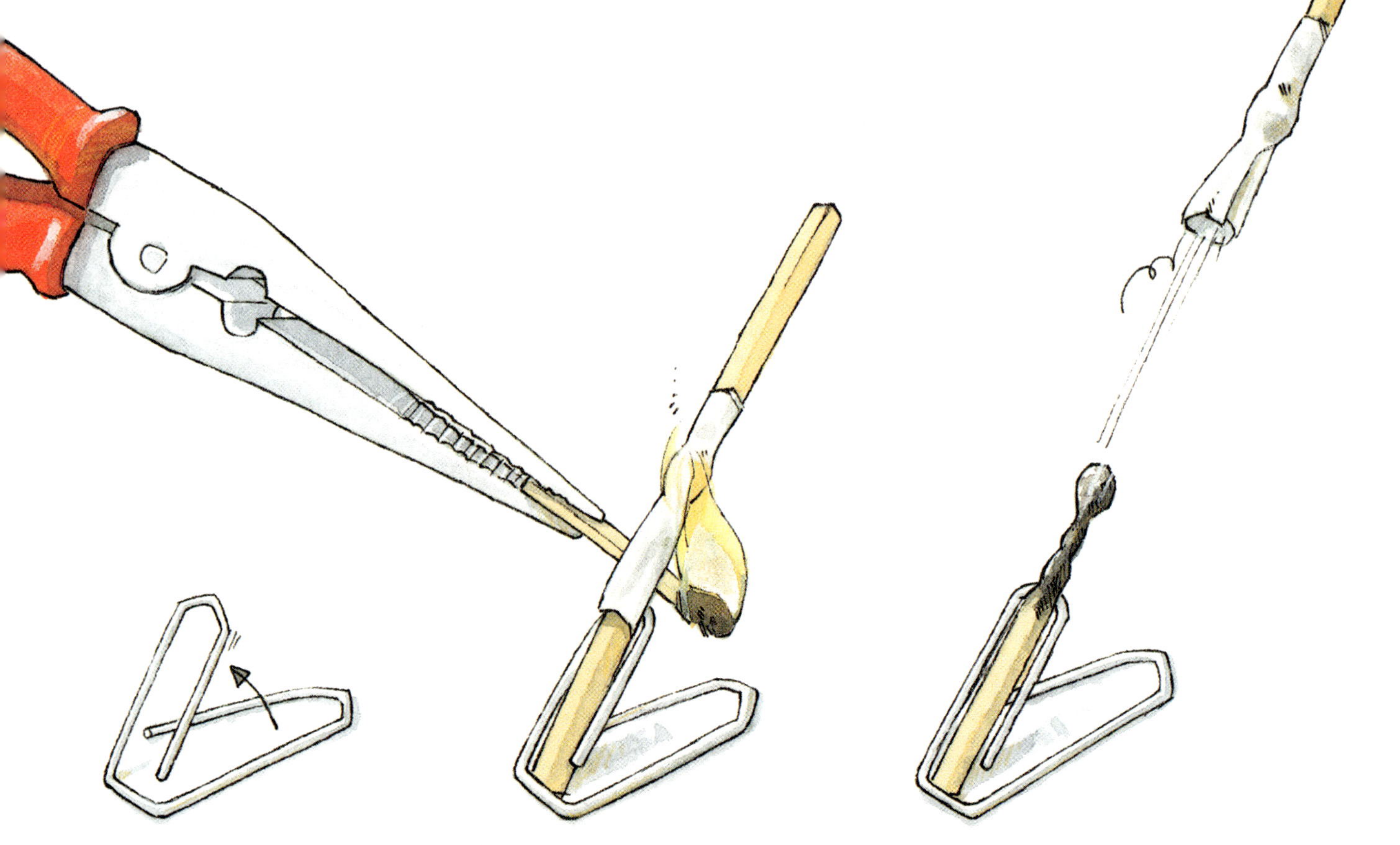

◆ **Erklärung**

Streichholzköpfchen bestehen in der Regel aus einem Brennstoff (Antimonsulfid) und einem **Sauerstoff** abgebenden Zündstoff (Kaliumchlorat). Chlorate enthalten in ihren chemischen Bindungen konzentrierten Sauerstoff. Wenn sich das eingewickelte Streichholzköpfchen entzündet, wird es bis zu 1900 °C heiß! Diese ungeheure Hitze bewirkt die sofortige Verbrennungsreaktion vom Sauerstoff des Chlorats mit dem Brennstoff zu einer großen Menge Gas. Diese Verbrennungsgase kannst du als Rauch sehen, wenn du ein Streichholz anzündest. Gase benötigen viel Platz. Da das Köpfchen aber dicht eingepackt ist, kann das Gas nicht sofort entweichen und baut einen großen Gasdruck auf. Nur durch die kleine Düse kann das Gas ausströmen. Es entsteht ein »Rückstoß« und die Rakete fliegt davon.

Die heutigen Sicherheitsstreichhölzer, die man nur an der Reibfläche der Packung entzünden kann, wurden 1848 von dem Frankfurter Chemiker Rudolf Christian Böttger (nicht dem Porzellan-Böttger!) erfunden.

Der locker gewickelte Teil bei Rakete II dient als Düse, aus der die heißen Verbrennungsgase ausströmen.

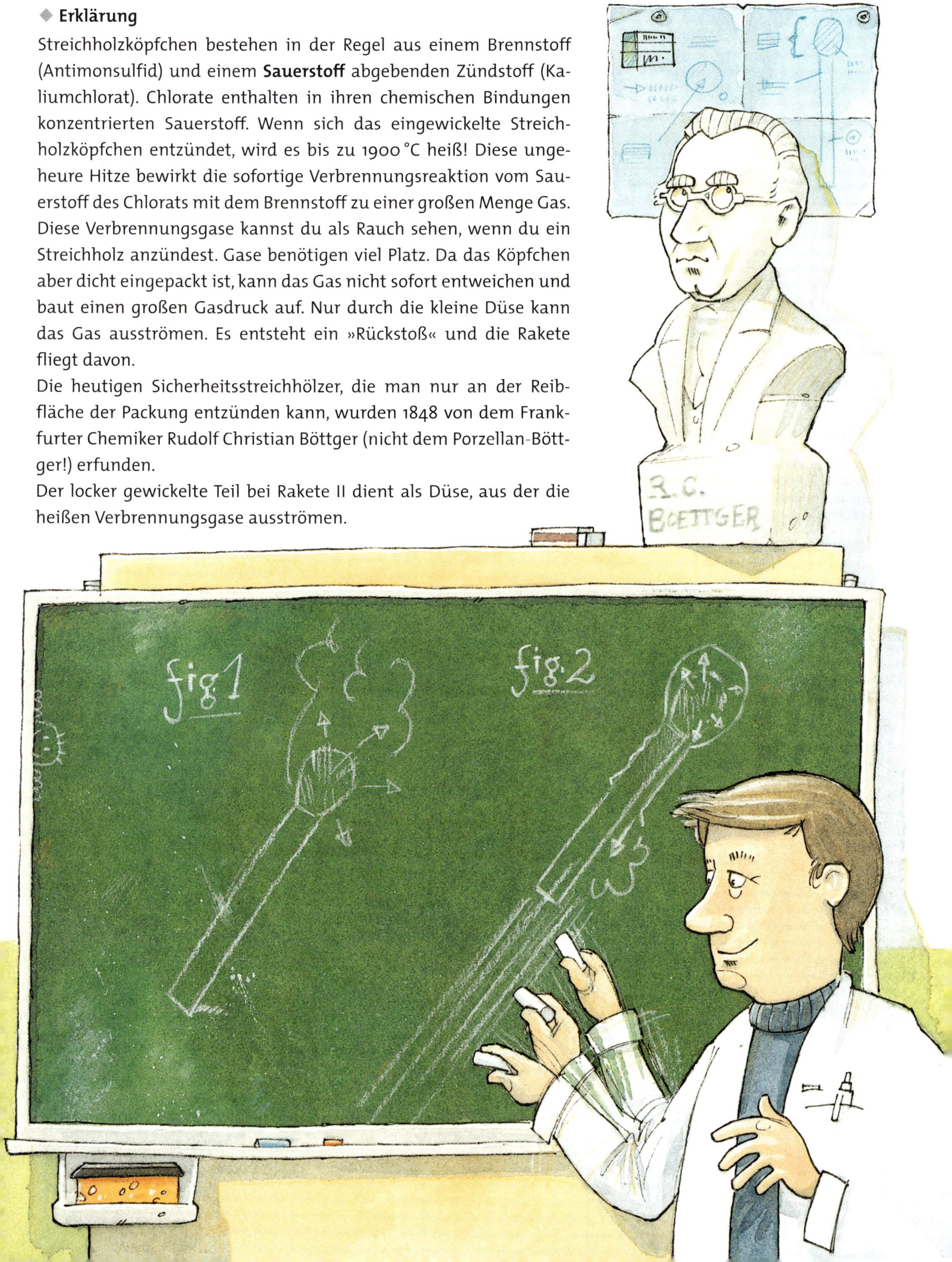

Opel Raketenwagen von 1928

»The Blue Flame«

»Thrust SSC« von Andy Green

Kennst du die schnellsten Autos der Welt? Sie werden von einem Raketentriebwerk bis auf Überschallgeschwindigkeit gebracht (1194 km/h!!). Solch ein Wagen sieht auch nicht mehr aus wie ein Auto, sondern eher wie eine Rakete. Im nächsten Experiment kannst du ein einfaches Modell eines Raketenautos im Miniformat selber bauen.

1970 erreichte Gary Gabelich in seinem berühmten Raketenauto »Blue Flame« einen Geschwindigkeitsrekord von 1016 km/h, also noch unter der Schallgeschwindigkeit. Andy Green durchbrach erst 27 Jahre später – also 1997 – mit seinem Raketenauto als erster Mensch die Schallmauer mit 1223 km/h.

RAKETENAUTO MIT STREICHHOLZANTRIEB

Du brauchst:

- *leichtes Spielzeugauto aus Kunststoff*
- *2 Packungen Streichhölzer*
- *lange Streichhölzer*
- *leere Filmdose*
- *Alufolie (Größe etwa DIN A4)*
- *1 spitzen Bleistift*
- *einige Gummibänder*

Diesen Versuch solltest du nur mit einem Erwachsenen durchführen! Fülle die Filmdose voll mit Streichhölzern (etwa 2 Packungen). Die Streichholzköpfchen müssen zur Öffnung hin zeigen. Falte die Alufolie mehrmals und wickle die Dose nun ganz fest ein. Der offene Teil der Dose muss dicht mit Folie verschlossen sein.

Nun pikst du mit einem spitzen Bleistift in der Mitte der Dose (offene Seite) ein Loch in die Alu-Folie. Das Loch sollte etwa den gleichen Durchmesser haben wie der Bleistift (ca. 0,5 cm). Durch dieses Loch steckst du das »Zünd-Streichholz« mit dem Köpfchen nach außen in die Dose zu den anderen Streichhölzern.

Das »Zünd-Streichholz« sollte nur ein kleines Stück weit aus der Folie heraus schauen und direkten Kontakt zu den anderen Streichholzköpfchen in der Dose haben (alle Streichhölzer in der Dose müssen vorne an der Folie anstoßen).
Befestige nun die Dose mit Hilfe von Gummis auf dem Autodach. Die Streichholz-Seite muss nach hinten zeigen.

Das Auto sollte auf einer nicht brennbaren und glatten Unterlage stehen! Nicht auf Personen oder brennbare Gegenstände zielen! Nur im Freien starten!
Zünde das Zünd-Streichholz mit einem etwa 20 cm langen Streichholz von der Seite aus an. **Vorsicht mit deinen Fingern! Nicht hinter die Düse halten!** Es geht sofort los! Ein Feuerstrahl faucht aus der Düse und das Auto macht einen Satz nach vorne.
Wenn die Zündung nicht beim ersten Mal klappt oder das Zünd-Streichholz erlischt, ruhig noch einmal probieren oder das Loch vergrößern.

Seit langem experimentieren Ingenieure mit dem billigsten und umweltfreundlichsten Treibstoff der Welt: Wasser. Kaum zu glauben, aber mit Wasser kann man Raketen in die Atmosphäre schießen. Bei modernen Wasser-Raketen wird das Wasser auf mehrere hundert Grad Celsius aufgeheizt und so in Dampf mit enormem Druck umgewandelt. Beim Start wird eine kleine Düse geöffnet, durch die der heiße Wasserdampf mit hoher Geschwindigkeit ausströmt und der Rakete den nötigen Schub verleiht: Die Rakete hebt ab. Hier kannst du eine echte, hoch fliegende Kaltwasser-Rakete bauen.

Du brauchst:

- *leere 1-l-Kunststoffflasche aus PET (Poly-Ethen-Terephthalat)*
- *Korken*
- *normales Fahrradventil*
- *Luftpumpe mit Schlauch (festklemmbar an das Ventil)*
- *2-Komponentenkleber (Epoxidharz) oder Heißklebepistole*
- *starke Pappe*
- *Paketklebeband*
- *Schere*
- *1 Glas (ca. 0,2 l)*
- *Wasser*

WASSERRAKETE

Der Korken muss genau in die Öffnung der Kunststoffflasche passen und fest darin sitzen. Halbiere den Korken. Bitte einen Erwachsenen, ein trichterförmiges Loch in den halbierten Korken zu bohren, das so beschaffen ist, dass das Fahrradventil im oberen Teil des Korkens stramm hineinpasst (Bohrnadel Stärke 3) und im unteren Teil genügend Platz um das Ventil herum ist. Aus dem unteren seitlichen Teil des Ventils kommt nämlich die Pump-Luft und darf deshalb nicht vom Korken blockiert werden. Nun wird das Ventil in das Loch im Korken mit 2-Komponenten- oder mit Heißkleber eingeklebt, ohne die Ventillöcher zuzukleben (mit Luftpumpe in das Ventil blasen und testen!). Ausreichend trocknen lassen.

Male auf die Pappe nach der Vorlage auf dieser Seite vier Raketenflügel, schneide sie aus und klebe sie mit Paketklebeband wie abgebildet auf die Flasche.

Fülle die Flasche mit einem Glas Wasser. Schließe den Schlauch der Luftpumpe an das Ventil am Korken an. Stecke den Korken fest in den Flaschenhals. Stelle die Rakete nun auf ihre vier Flügel auf einem freien Platz in sicherer Entfernung von Gebäuden auf. Pumpe Luft in die Rakete! Wenn der Korken nicht ganz dicht ist und etwas Wasser aus der Flasche ausläuft, gelingt der Versuch trotzdem; einfach weiterpumpen. Nach einigen Pumpstößen ist der Druck in der Flasche so groß, dass der Korken mit dem Schlauch abspringt und die Flasche mit ausstoßendem Wasserstrahl nach oben abzischt!
Im Sommer kannst du die Rakete auch aus der Hand starten. Halte mit der einen Hand den Schlauch unterhalb der Düse fest, während du mit der anderen Hand Luft in die Rakete pumpst. Handtuch nicht vergessen!
Fülle die Rakete mit 50 ml und 500 ml Wasser! Mit welcher Menge steigt sie am höchsten?
Probiere es auch nur mit Luft, ohne Wasser!

◆ **Erklärung**
Der Luftdruck presst das Wasser aus der Flasche heraus. Dadurch erhält die Rakete einen kräftigen Schub nach oben. Die vier Flossen sorgen für einen stabilen Flug.

CHEMISCHE RÄTSEL DES ALLTAGS

5. *Wie funktionieren eigentlich Streichhölzer, wie die im Wilden Westen, die man an jeder rauen Fläche anzünden kann?*

a) Solche Streichhölzer gibt es nur im Film.
b) Das Streichholzköpfchen ist aus Metall und erzeugt beim Reiben einen elektrischen Funken, der das Streichholz in Brand setzt.
c) Im Streichholzköpfchen befindet sich ein reibungsempfindliches, explosives Gemisch; natürlich nur in winzigen Mengen.

6. *Brennt ein Raketentreibstoff auch noch im Weltall, wo es keinen **Sauerstoff** gibt?*

a) Nein, die Raketen nutzen jedoch die Anziehung der Sterne um vorwärts zu kommen.
b) Ja, denn der Treibstoff enthält seinen eigenen Sauerstoff in chemisch gebundener Form.
c) Nein, im Weltraum kann nichts brennen.

Lösungen auf Seite 48

Das Labor der Riesenmoleküle

Ist ein **Molekül** aus mehr als 1000 **Atomen** aufgebaut, bezeichnet der Chemiker solch ein Riesenmolekül als Makromolekül (*makrós*, griech. = groß, lang). In der Natur sind Makromoleküle weit verbreitet: Seide (von Seidenraupen gewonnen) ist aus vielen, langen **Aminosäure**ketten aufgebaut. Baumwolle besteht aus riesigen Ketten von zuckerähnlichen Bausteinen. Seide und Baumwolle können zu Textilfasern verarbeitet werden. Die Moleküle der **Stärke** (z. B. aus Mais, Kartoffeln oder Getreide gewonnen) bilden lange Spiralen. Alle **Kunststoffe** sind ebenfalls Makromoleküle.

Du brauchst:

- *feine Maisstärke (Supermarkt)*
- *Schüssel*
- *große Kunststoffwanne*
- *1 Esslöffel (EL)*
- *1 Glasmurmel*
- *Wasser*

MAGISCHER WEISSER BREI

Fülle etwa 5 gestrichene EL Maisstärke in die Schüssel. Gib nun in kleinen Portionen Wasser hinzu (etwa 6–7 EL) und rühre gut um, bis ein gleichmäßiger Brei entsteht. Wenn der Brei zu fest wird, musst du mehr Wasser dazugeben. Wenn der Brei zu flüssig wird, musst du noch etwas mehr **Stärke** zufügen. Nach längerem Stehenlassen musst du den Brei wieder gut durchmischen!
Tauche deinen Finger langsam in den Stärkebrei! Was passiert?
Versuche deinen Finger mit einer sehr schnellen Bewegung in den Brei zu tauchen! Was passiert nun?
Alle schweren Gegenstände – auch dein langsam hineingetauchter Finger – versinken in dem Brei, so wie in jeder Flüssigkeit. Übst du jedoch einen starken Druck auf die Oberfläche des Stärkebreis aus, so spürst du plötzlich einen gummiartigen Widerstand. Der Brei scheint für einen Augenblick ein fester Körper zu sein.
Schlage mit dem Löffel auf den Brei! Was passiert?
Du kannst mit der Faust kräftig in den Brei schlagen, ohne dass der Brei durch die Gegend spritzt!
Lass eine Glasmurmel auf den Stärkebrei fallen! Die Murmel prallt zunächst von der Oberfläche ab, verliert dabei an Energie, bleibt dann kurzzeitig auf der Oberfläche liegen und versinkt schließlich im Brei.

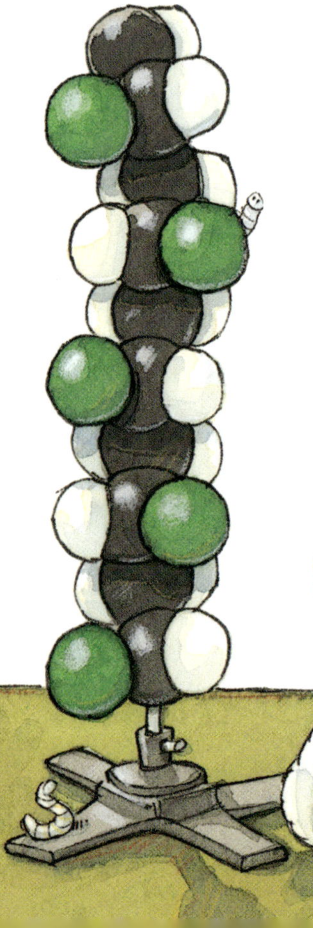

Teil eines Makromoleküls im Modell

Bereite eine große Menge Stärkebrei in einer Kunststoffwanne (das optimale Volumenverhältnis Stärke zu Wasser beträgt etwa 1 zu 1). Springe von einem Stuhl mit nackten Füßen in den Brei und fange auf der Stelle an zu laufen! Der Brei kann deinen Körper tragen, sodass du auf dem Brei laufen kannst! Allerdings musst du immer heftig laufen, damit genügend Druck auf den Brei ausgeübt wird. Bleibst du stehen oder steigst du langsam mit den Füßen in den Brei, so versinkst du sehr schnell.
Ein riesiger Spaß auf deiner nächsten Geburtstagsparty!

Je stärker der Druck auf den Brei ist, desto besser trägt er dich.

Erklärung

Stärke besteht aus winzigen Stärkekörnchen, die sich nicht in Wasser lösen. Diese Körnchen überziehen sich jedoch mit einer »Wasserschicht«. Der Chemiker spricht von einer Suspension. Übrigens: auch Kakao ist eine Suspension. Kakaopulver löst sich nicht in Milch oder Wasser, sondern verteilt sich ganz fein in der Flüssigkeit.
Der Brei verhält sich also wie eine normale Flüssigkeit. Wird auf die Mischung jedoch ein starker Druck ausgeübt, so wird die Wasserschicht in diesem Bereich herausgequetscht. Dadurch »verhaken« sich die Stärkekörnchen miteinander zu einer festen Masse und der Brei wird hart und fest. Wichtig bei diesem Experiment ist, dass ein starker Druck auf den Brei ausgeübt wird. Solange der Druck besteht, bleibt der Brei eine feste Masse. Reicht der Druck nicht aus, um die Wasserschicht zwischen den Stärkekörnchen herauszupressen, versinkt der Gegenstand.

Ende des 19. Anfang des 20. Jahrhunderts begannen die Chemiker die langen **Moleküle** umzuwandeln in künstliche Verbindungen, so genannte **Kunststoffe**. Ihr Ziel war es, Stoffe mit neuen oder verbesserten Eigenschaften zu finden. Aus Baumwolle (**Cellulose**) wurde z. B. das leicht formbare **Celluloid** für Brillen, Puppen, Tischtennisbälle und Filme entwickelt. Auch das glasklare, reißfeste **Cellophan** (Verpackungsfolien) wurde 1911 aus Cellulose entwickelt.
Lange Moleküle sind übrigens in der Lage, sich zu großen Geflechten zu vernetzen und damit klebrig zu werden. Einen einfachen Klebstoff kannst du aus Milch herstellen. Probiere es aus!

Cellophan:
Hauchdünn und durchsichtig und dennoch sehr reißfest, allerdings auch sehr »raschelig«. Heutige Folien bestehen aus Polypropylen oder Polyethylen.

John Wesley Hyatt erfand 1865 das Celluloid, zunächst als Ersatz für Elfenbein: Er stellte daraus Billardkugeln her und rettete damit vielen Elefanten das Leben.

KASEIN – KLEBSTOFF AUS MILCH

Fülle ein Glas Milch in den Kochtopf und erwärme die Milch unter ständigem Rühren so lange, bis Wasserdampf aufsteigt (Achtung: Milch brennt sehr leicht an!). Nimm den Topf vom Herd und gib 3 EL Essig hinzu. Gut umrühren! Die Milch beginnt zu gerinnen. Es bilden sich weiße Flocken in einer gelblichen Lösung, der Molke. Gieße den Topfinhalt über der Küchenspüle in ein Sieb. Die weißen Flocken bleiben im Sieb zurück. Die Molke wird nicht mehr benötigt. Spüle jetzt die feste Masse im Sieb gründlich mit kaltem Wasser ab und schütte die weiße Masse in ein frisches Glas. Gib nun 1 TL Wasser und 1 TL Backpulver in dieses Glas und rühre gut um, bis keine Gasblasen mehr entstehen. Die weiße Masse ist Kasein (sprich: Kase-in), ein uralter Klebstoff.
Bestreiche mit dem Finger ein Stück Papier mit Kasein und klebe zwei Papierstücke zusammen! Gut trocknen lassen. Hält der Klebstoff? Bewahre das Kasein in einem gut schließenden Behälter (z. B. Filmdose) im Kühlschrank auf.

Du brauchst:

- *¼ l Magermilch (1,5 % Fett)*
- *Essig (z. B. Branntweinessig)*
- *Wasser*
- *Backpulver*
- *2 Gläser oder Becher (ca. 0,2 l)*
- *Kochtopf*
- *Haushaltssieb*
- *Esslöffel (EL)*
- *Teelöffel (TL)*
- *Papier*

◆ **Erklärung**

Durch die Essigsäure im Essig gerinnt das **Eiweiß** der Milch und flockt als weiße, feste Masse (Kasein) aus. Als Filtrat bleibt die Molke zurück. Mit Backpulver wird der nicht mehr benötigte Essig »vernichtet«: Backpulver besteht hauptsächlich aus Natriumhydrogencarbonat ($NaHCO_3$), das mit der Essigsäure des Essigs gasförmiges Kohlenstoffdioxid ergibt, das in die Luft entweicht. Kasein ist eine sehr große Eiweißsubstanz und besitzt klebrige Eigenschaften (s. Geheimtinte aus Milch, S. 14). Milch enthält etwa 2,8 % Kasein.

SCHNEEMATSCH AUS KUNSTSTOFF

Du brauchst:

- *3 frische, neue Windeln (möglichst Größe 4 oder 5)*
- *1 Schere*
- *1 Becher oder Schale*
- *1 Teelöffel (TL)*
- *1 Glas 0,2 l*
- *flüssige Lebensmittelfarbe (Supermarkt)*

Dank Superabsorber muss man keine Stoffwindeln mehr waschen wie früher.

Schneide drei Windeln quer in der Mitte durch. Öffne die aufgeschnittenen Windelseiten mit den Fingern und klopfe – am besten über dem Mülleimer – jede Windelhälfte vorsichtig auf deine Hand aus. Achtung: Es flust und staubt. Aus der aufgeschnittenen Windelhälfte rieseln kleine, weiße Körnchen, die wie Zucker oder Salz aussehen. Das sind »Wassersuperspeicher«-Körnchen, Superabsorber genannt. Sammle möglichst viele dieser Körnchen – ohne die Watteflocken – in einem Becher oder in einer Schale. Fülle ein Glas halb voll mit Wasser und gib etwa 1 TL der gesammelten Körnchen hinzu. Du kannst das Wasser gerne mit Lebensmittelfarbe blau, rot, grün oder gelb färben.

Rühre nun mit dem TL 1–2 Minuten um und beobachte, was passiert. Die Körnchen saugen das gefärbte Wasser auf und quellen auf. Nach wenigen Minuten ist künstlicher Schneematsch entstanden.

Nimm etwas Kunstschnee aus dem Glas und forme einen kleinen »Schneeball« (klappt nicht sehr gut). Versuche, das Wasser aus dem Kunstschnee wieder herauszudrücken. Aber das wird dir nicht gelingen! Du kannst diesen Schnee drücken und quetschen, so stark du kannst. Es kommt kein Wasser heraus. Sogar die stark färbende Lebensmittelfarbe bleibt in den Körnchen drin, sodass sich deine Hände nicht färben.

◆ **Erklärung**

Die Superabsorber-Körnchen saugen Wasser auf wie ein Schwamm und können das bis zu 300-fache ihres Gewichtes an Flüssigkeit aufnehmen. Die Wasserspeicher-Körnchen bestehen aus einem super feinen Kunststoffgeflecht aus winzigen Kanälchen und Röhrchen. Die Wassermoleküle bleiben in diesen winzigen Kanälchen und Röhrchen hängen und bleiben auch bei heftigem Druck oder Bewegung »anschmiegsam« im Röhrengeflecht »gefangen«. Die Körnchen quellen daher auf und werden zu einer durchsichtigen »Gel-Pampe«, die aussieht wie Schneematsch. Grüner Schnee sieht toll aus! Den aufgequollenen Superabsorber kannst du im Hausmüll (Restmüll) entsorgen.

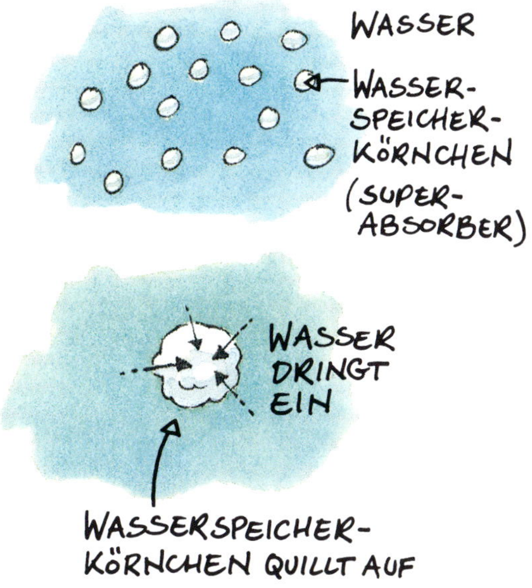

Der älteste **Kunststoff** wurde 1897 aus Kasein und Formaldehyd hergestellt: Galalith. Galalith ist sehr hart, glänzt sehr schön und kann leicht gefärbt werden. Es wurde z. B. für die Herstellung von Schirm- und Stockgriffen, Schachfiguren, Spielwürfeln, Dominosteinen, Knöpfen und farbigen Möbelverzierungen verwendet.
Immer mehr Chemiker auf der ganzen Welt machten sich in ihren Labors auf die Suche nach neuen Kunststoffen mit sensationellen Eigenschaften. 1907 wurde Bakelit, der erste voll synthetische Kunststoff, entwickelt. Es wurde für Kofferradios, Uhrengehäuse, Telefone, Lichtschalter, Stecker und Steckdosen verwendet. Dem Amerikaner Wallace Carothers (1896–1937) gelang die Herstellung von Nylon, einer künstlichen Seide. Nylon war viel elastischer und billiger als Naturseide! Fallschirme und Strumpfhosen aus Nylon wurden ab 1938 verkauft und sind bis heute ein riesiger Erfolg. Inzwischen gibt es Hunderte von Kunststoffen, die aus unserem heutigen Alltag nicht mehr wegzudenken sind.

BUNTE FLASCHENSKULPTUREN

Du brauchst:

- *Kunststoffflaschen aus PET (1–1,5 l)*
- *Wasserkocher*
- *Spülbecken (Küche)*
- *2 dicke Ofenhandschuhe*
- *Wasser*
- *flüssige Lebensmittelfarbe (Supermarkt)*
- *Schnur*
- *Schere*

Ziehe die Ofenhandschuhe an. Stelle eine PET-Flasche in das Spülbecken und gieße kochendes Wasser in die Flasche. Nun kannst du die offene Flasche beliebig zu einer Skulptur verformen und verdrehen. Dabei entweicht heißes Wasser aus der Flasche. Wenn du fertig bist, lässt du im Spülbecken kaltes Wasser über die Flaschenskulptur laufen, bis die heiße Flasche abgekühlt ist (das restliche heiße Wasser dabei ausgießen).

Die Flasche behält ihre neue Form nach dem Abkühlen bei. Fülle nun mit Lebensmittelfarbe angefärbtes Wasser in die Flaschen-Skulptur, verschließe sie gut und hänge sie an einer Schnur auf.

Tipp: Die Etiketten auf den Flaschen kannst du mit heißem Wasser leicht ablösen.

◆ **Erklärung**

PET = **P**oly-**E**then-**T**erephtalat

PET ist ein moderner **Kunststoff** und gehört zu der Klasse der **Thermoplaste**. Thermoplaste sind Kunststoffe, die bei Erwärmung weich werden und im weichen Zustand verformt werden können. Kühlt man sie wieder ab, so behalten sie die neue Form. Diesen Vorgang kann man beliebig oft wiederholen.

Auch PVC = Poly-Vinyl-Chlorid (Rohrleitungen), Poly-Styrol (Haushaltsgeräte) und Plexiglas® (organisches Glas) sind Thermoplaste.

CHEMISCHE RÄTSEL DES ALLTAGS

7. *In welcher Form liegt Milch vor?*
a) als Suspension = feste Teilchen in Flüssigkeit verteilt.
b) als Emulsion = flüssige Tröpfchen in Flüssigkeit verteilt.
c) als Lösung = feste oder flüssige Teilchen in Flüssigkeit klar gelöst.

8. *Die allerersten Schallplatten wurden aus Schellack, einem ostindischen Baumharz hergestellt. Aus welchem Stoff bestehen heutige CDs?*
a) aus Silizium
b) aus Gummi
c) aus Polycarbonat, einem farblosen Kunststoff aus Alkohol und Kohlensäure.

Lösungen auf Seite 48

Das Zauber-Labor

Willkommen im Labor der Magie und Zauberei! Wenn du deine Freunde oder deine Eltern mit chemischen Zaubertricks beeindrucken willst, bist du hier genau richtig. In dir steckt ganz sicher eine prima Zauberin bzw. ein prima Zauberer. Du kannst das gleich ausprobieren!

RASANTE GLÜH-FACKELN

Gib mit einem Löffel 2 TL Kaliumnitrat und mit einem zweiten Löffel 2 TL **Stärke** in einen Becher und mische alles gründlich durch. Koche etwas Wasser im Wasserkocher auf und gib mit dem dritten Löffel etwa 2 bis 3 TL heißes Wasser zum weißen Pulvergemisch. Beim Umrühren entsteht ein steifer Brei. Lasse ihn ein wenig abkühlen und trage ihn dann auf die Schaschlikstäbe auf. Nimm ruhig deine Finger zu Hilfe und forme den Brei gleichmäßig dick um das Hölzchen. Drehe den Holzstab dabei. Mit etwas Übung und Fingerspitzengefühl wird dir das gelingen. Zum Trocknen steckst du die Stäbe in einen Styroporblock. Wenn der Brei zu flüssig ist, musst du noch mehr Stärke hinzufügen. Ist er zu fest, gibst du etwas heißes Wasser hinzu. Falls der Brei am Stäbchen herunterzulaufen beginnt, kannst du deine Fackel in Stärke wälzen. Dadurch erstarrt der Brei sofort. Lass die Fackeln gut trocknen (ca. 1–2 Tage). Wasche dir gründlich die Hände, wenn du fertig bist.

Vorsicht beim Abbrennen der Glüh-Fackeln! Schutzbrille tragen! Entzünde deine Fackel am äußersten Ende mit einem Feuerzeug. Nur im Freien und niemals in der Wohnung anzünden! Es entsteht viel Rauch! Der Boden muss feuerfest sein, z. B. aus Stein. Da das Hölzchen mit verbrennt, fallen ab und zu glühende Aschereste auf den Boden!

◆ **Erklärung**

Das Kaliumnitrat (KNO_3) liefert den für die rasante Verbrennung nötigen **Sauerstoff** in konzentrierter Form. Kaliumnitrat enthält etwa 1500-mal mehr Sauerstoff als die gleiche Volumenmenge Luft! Die Stärke dient als Brennstoff. Aufgrund des Kaliums wird die Flamme schwach violett gefärbt.

Du brauchst:

- *2 TL Kaliumnitrat = Salpeter (Apotheke)*
- *Stärke (z. B. feine Maisstärke)*
- *Wasser*
- *Wasserkocher*
- *Schaschlikstäbe (ca. 15–20 cm lang)*
- *Kunststoffbecher*
- *3 Teelöffel*
- *Feuerzeug*
- *Styroporblock*

ZAUBERFARBIGE SCHÜTTELFLASCHE

Du brauchst:

- *2 EL Natriumcarbonat Decahydrat = Soda (Apotheke/Drogeriemarkt)*
- *1 g Indigocarmin = blauer Lebensmittelfarbstoff E 132 (Apotheke)*
- *500 ml destilliertes Wasser (Drogerie-/Supermarkt)*
- *5 EL Traubenzucker (Drogerie-/Supermarkt)*
- *leere, gespülte 1-Liter-Kunststoffflasche mit Verschluss*
- *2 Esslöffel (EL)*
- *Messbecher*
- *Trichter*
- *Messer*

Fülle mit Hilfe des Messbechers 500 ml destilliertes Wasser in die Plastikflasche. Setze den Trichter auf die Flasche und gib 2 EL Natriumcarbonat (Soda) in das Wasser. Schwenke die Flasche einige Minuten um, bis sich das Natriumcarbonat aufgelöst hat. Nun gibst du 5 EL Traubenzucker mit Hilfe des Trichters in die Flasche. Der Zucker löst sich schnell auf. Manchmal sieht die Lösung etwas trüb aus, aber das macht nichts. Anschließend gibst du eine *kleine* Messerspitze Indigocarmin in die Flasche (Umschwenken!). Indigocarmin ist ein sehr kräftiger Lebensmittelfarbstoff! Verwende nur eine etwa linsengroße Menge. Die Soda-Zucker-Lösung färbt sich sofort blau. Lass die Flasche nun an einem ruhigen Ort mit verschlossenem Deckel stehen. Nach etwa 2 Stunden, je nachdem, wie viel Indigocarmin enthalten ist, ist die blaue Farbe völlig verschwunden. Die Farbe der Zuckerlösung ist nun gelb. Sie kann aber auch rot-violett sein. Je länger du wartest, desto gelber wird die Lösung.

Wenn die blaue Farbe weg ist, kannst du sie wie folgt wieder »hervorzaubern«: Verschließe den Deckel der Flasche fest und schüttele die Flasche kräftig hin und her. Der Flascheninhalt wird wieder blau. Nach etwa 15–30 Minuten ist die blaue Farbe wieder verschwunden und du kannst die Flasche erneut »blau« schütteln. Wenn du die gelbliche Lösung ganz behutsam schüttelst, erscheint zuerst eine rot-violette und dann erst die blaue Farbe.

Diesen farbwechselnden Schütteleffekt kannst du sehr oft wiederholen. Die Lösung hält etwa 1–2 Tage, dann sind die chemischen Reaktionspartner verbraucht.

◆ **Erklärung**

Durch den Zusatz von Natriumcarbonat wird die Zucker-Lösung alkalisch gemacht. Diese alkalische Zuckerlösung verhält sich als ein so genanntes **Reduktion**smittel und »entreißt« dem Farbstoff (Indigocarmin) den **Sauerstoff**. Die blaue Farbe verschwindet und es erscheint die Farbe des Indigocarmins ohne Sauerstoff: gelb.

In der Flasche über der Lösung befindet sich Luft und somit auch Sauerstoff. Beim kräftigen Schütteln wird der Luftsauerstoff in der Flasche mit der wässrigen Lösung vermischt. Dem gelben Farbstoff wird auf diesem Wege der Sauerstoff wieder zugeführt (**Oxidation**). Die blaue Farbe erscheint wieder. Etwa 15–30 Minuten braucht nun die alkalische Zuckerlösung um den blauen Farbstoff erneut zu **reduzieren**. Die blaue Farbe verschwindet allmählich und die gelbe Farbe des reduzierten Farbstoffs setzt sich durch.

Es ist also ein ständiges Hin und Her, ein Wechselspiel zwischen Sauerstoffaufnahme und Sauerstoffabgabe, Oxidation und Reduktion, ein **Molekül**-Kampf in der Flasche!

In der Übergangsphase von gelb zu blau zeigt Indigocarmin eine rot-violette Farbe.

Belüfte deine Flasche ab und zu, indem du für einige Minuten den Verschluss abnimmst. So hast du immer genügend Sauerstoff in der Flasche.

KERZEN LÖSCHEN WIE VON GEISTERHAND

Du brauchst:

- *leere Ketschup-Flasche aus Glas mit Verschluss*
- *Backpulver*
- *Wasser*
- *Rote Lebensmittelfarbe (flüssig; Supermarkt)*
- *Spülmittel*
- *einige Kerzen*
- *Feuerzeug*
- *Glas (ca. 0,2 l)*
- *Esslöffel (EL)*
- *Trichter*

Gib 1 EL Backpulver mit Hilfe eines Trichters in die Glas-Flasche und fülle etwa ein halbes Glas Wasser hinein. Schwenke die Flasche ein wenig hin und her, damit sich das Backpulver mit dem Wasser gut vermischt. Es setzt eine Gasentwicklung ein, die du sehen und hören kannst. Verschließe die Flasche locker. Statt des Deckels kannst du auch deine Handfläche nehmen. Warte etwa 30 Sekunden, bis sich genügend Gas gebildet hat. Zünde nun eine Kerze an. Öffne den Verschluss der Flasche. Beim Heben der Hand oder beim Öffnen des Deckels zischt es meistens.

Kippe die Flasche langsam waagerecht, sodass die Flaschenhalsöffnung nahe über der Flamme ist. »Gieße« das unsichtbare Gas vorsichtig auf die Kerzenflamme, ohne dass die Flüssigkeit aus der Flasche herausläuft oder der Flaschenhals die Flamme berührt. Die Flamme erlischt!

Erklärung

Backpulver enthält u. a. Natriumhydrogencarbonat (Natron, $NaHCO_3$) sowie Natriumdihydrogenphosphat (NaH_2PO_4). Im Natron »steckt« bereits das gasförmige Kohlenstoffdioxid CO_2 als festes Carbonat. Bei Zugabe von Wasser entsteht mit dem Natriumdihydrogenphosphat Säure, die aus dem Natron das gasförmige CO_2 freisetzt. Dies geschieht übrigens auch beim Backen! Das CO_2 macht den Kuchen so schön locker.

Und so funktioniert der Trick mit dem Kerzenlöschen: Kohlenstoffdioxid ist schwerer als Luft. Daher kann man es aus der Flasche heraus und auf die Kerzenflamme »gießen«. Das unsichtbare und unbrennbare CO_2 fällt nach unten auf die Flamme und erstickt sie.

Gewicht von Luft: 1,3 g/Liter
Gewicht von CO_2: 2,0 g/Liter

Variante 1: Schaumlöscher

Fülle etwa 1 EL Spülmittel in die Flasche, bevor du das Backpulver mit dem Wasser versetzt. Es bildet sich viel Schaum und du hast einen prima Schaumlöscher!

Variante 2: Vulkan

Gib etwa 1 EL Spülmittel und 1 EL rote Lebensmittelfarbe in die Flasche. Vergrabe die Flasche in einem Sandhaufen, sodass nur noch die Flaschenöffnung aus dem Sandberg herausschaut. Fülle nun 1 Päckchen Backpulver hinzu und gieße Wasser in die Flasche. Der entstehende, aus der Flasche quellende Schaum ist tiefrot gefärbt und sieht aus wie Lava: ein Vulkanausbruch!

ZAUBERPFLANZE: GEISTERHAND AUS DEM BLUMENTOPF

Du brauchst:

- *Calcium- oder Vitamin-Brausetabletten (Drogerie-/Supermarkt)*
- *1 Blumentopf ohne Loch (Übertopf) ca. 10 cm hoch, 10 cm Durchmesser*
- *1 dünnen Latex-Einmalhandschuh (Apotheke)*
- *Blumenerde*
- *leere Filmdose ohne Deckel*
- *Esslöffel (EL)*
- *einige kleine Gummibänder*
- *Nagel*
- *Zange*
- *Kerze*
- *Feuerzeug*
- *Wasser*

Bitte einen Erwachsenen dir kurz zu helfen: Du hältst im Freien mit einer Zange einen Nagel in die Kerzenflamme und bohrst mit dem heißen Nagel etwa zwanzig Löcher im unteren Bereich der Filmdose.

Lege 2–3 Brausetabletten in die durchlöcherte Filmdose und ziehe den Latex-Handschuh einige Zentimeter über die Dosenöffnung. Schlage den Handschuh etwas ein, sodass er eng an der Filmdose anliegt. Befestige den Handschuh mit 2–3 Gummibändern.
Nun stopfst du den gesamten Handschuh vorsichtig in die Dose und stellst sie in den Übertopf (vorher eventuell etwas Erde einfüllen). Fülle den Übertopf behutsam mit Hilfe des Esslöffels mit Blumenerde, bis die Dose mit dem Handschuh nicht mehr zu sehen ist. Die oberste Schicht über der Dosenöffnung sollte nicht mehr als etwa 1 cm (eine Fingerbreite) dick sein. Fertig ist dein »Zauberbeet«!
Nun musst du deine »Zauberpflanze« mit Wasser begießen (etwa 1 Glas Wasser) und schon wächst sie nach wenigen Sekunden aus der Erde und stellt sich wackelnd aufrecht. Dabei zischt und brodelt es in der Erde!

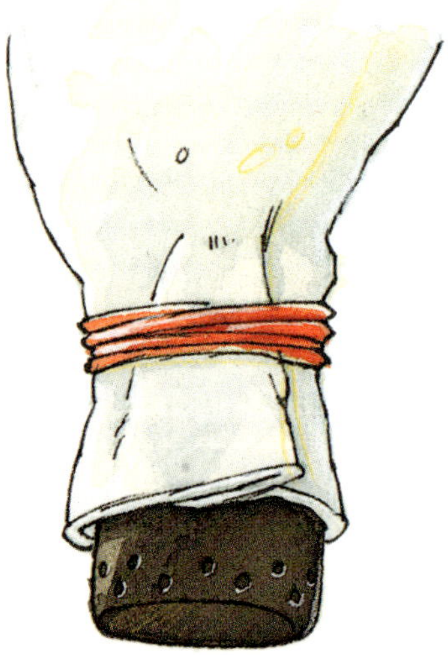

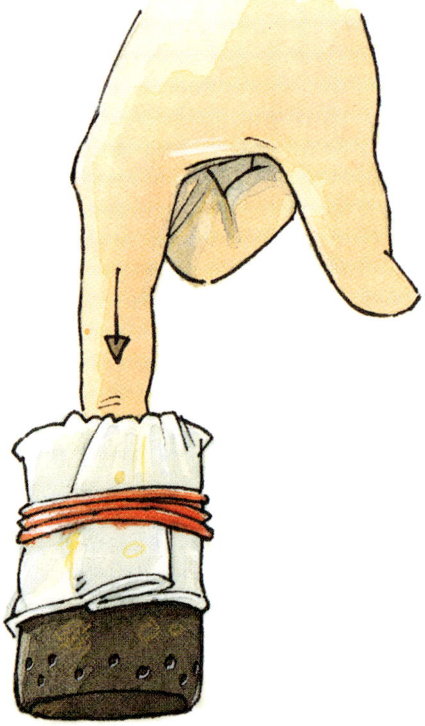

Du kannst natürlich auch mehrere »Handschuhblumen« gleichzeitig in einen Blumentopf »pflanzen« und vor dem Pflanzen mit wasserfesten Stiften lustig oder gruselig bemalen.
Sieht echt cool aus!

◆ **Erklärung**

Nach dem Gießen gelangt Wasser durch die Löcher in die Filmdose. Dort reagiert das Wasser mit einer Säure und mit Natriumhydrogencarbonat ($NaHCO_3$), die in jeder Brausetablette enthalten sind. Es entsteht sofort gasförmiges Kohlenstoffdioxid (CO_2), das den Handschuh aufbläht. Durch den Auftrieb des Gases bricht die »Pflanze« nach oben durch die Erde und richtet sich auf, denn nach oben hin erfährt das Gas den geringsten Widerstand (dünnste Stelle mit Erde).
Wenn die Gasentwicklung aufhört und das CO_2 aus dem Handschuh entweicht, dann fällt die »Pflanze« wie verwelkt in sich zusammen. Wie lange »steht« dein »Handschuhbaum«?
Ist zu viel Erde über der Filmdosenöffnung, kann es passieren, dass die »Pflanze« nicht aus der Erde kommt, weil die nasse Erde zu schwer ist. Dann musst du ihr ein wenig »helfen«.

GLÜHWÜRMCHEN-TRICK

Du brauchst:

- *1 Messerspitze Luminol (über Apotheke bei Leybold oder Fluka bestellen lassen, s. Adresse S. 48; teuer! 1 g ca. 10 €, reicht für 50 Versuche)*
- *1 TL rotes Blutlaugensalz (über Apotheke; s.o.)*
- *1 EL Natriumcarbonat Decahydrat = Soda (Apotheke)*
- *3%-iges Wasserstoffperoxid (Apotheke, Drogeriemarkt)*
- *Wasser*
- *3 leere 1-Liter-Kunststoff-Flaschen*
- *Stift*
- *Messbecher*
- *2 Trichter*
- *2 Esslöffel (EL)*
- *1 Teelöffel (TL)*
- *Messer*
- *Glas*

Für diesen Versuch musst du dir zwei Lösungen herstellen. Beschrifte zwei ausgespülte Flaschen, eine mit einer 1, die andere mit einer 2.

Setze die Schutzbrille auf, Wasserstoffperoxid kann die Augen reizen!

Flasche 1: Fülle mit Hilfe des einen Trichters 1 EL Natriumcarbonat in die Flasche und gieße etwa 400 ml Wasser hinzu. Verschließe die Flasche und schüttle sie kräftig. Wenn sich das Natriumcarbonat aufgelöst hat, gibst du eine Messerspitze Luminol hinzu. Schüttle die Flasche einige Male kräftig. Der Inhalt sieht nun schwach gelb und manchmal etwas trüb aus.

Flasche 2: Fülle etwa 400 ml Wasser in die Flasche und gib mit dem zweiten Löffel und mit Hilfe des zweiten Trichters 1 EL Wasserstoffperoxid (H_2O_2) hinzu. Schwenke die Flasche einige Male hin und her. Nun gibst du noch 1 TL rotes Blutlaugensalz hinein und schwenkst die Flasche, bis sich alles gelöst hat (kräftige gelbe Farbe).

Die Mengenangaben sind nur Richtwerte. Es genügt, wenn du sie ungefähr einhältst.

Nun kannst du es leuchten lassen wie ein Glühwürmchen: Gehe in einen dunklen Raum. Gieße dann jeweils etwa gleiche Mengen von Lösung 1 und Lösung 2 zusammen in ein Glas. Es tritt sofort ein grün-türkises Leuchten ein! Das grüne Leuchten hält noch einige Zeit an, wird aber zunehmend schwächer.

Stecke den Trichter auf die dritte Flasche. Nun werden die beiden Lösungen 1 und 2 im Dunkeln gleichzeitig in den Trichter gegossen. Ein leuchtender Flüssigkeitsstrahl fließt in die Flasche.

Die Lösungen halten etwa eine Woche.

◆ **Erklärung**

Das Leuchten kommt durch eine chemische Reaktion zwischen dem Luminol mit dem Wasserstoffperoxid (H_2O_2, Sauerstoff-Lieferant) zustande. Die Lösung muss dabei alkalisch sein. Dies wird durch die Zugabe von Natriumcarbonat ($Na_2CO_3 \times 10\ H_2O$) bewirkt. Du kannst dafür auch Natriumphosphat oder Natronlauge verwenden. Rotes Blutlaugensalz dient als »Aktivator«. Du kannst dafür auch Blut oder Hämoglobin verwenden!

Bei der chemischen Reaktion entsteht Energie, die komplett als (grünes) Licht an die Umgebung abgegeben wird. Es entwickelt sich keinerlei Wärme, wie z. B. bei einer Glühbirne. Daher nennt man diese Leuchterscheinung auch »kaltes Licht«. Der Chemiker spricht von **Chemolumineszenz**, einer Leuchterscheinung, die durch eine chemische Reaktion hervor gerufen wird.

Vielleicht habt ihr solch eine Chemolumineszenz schon mal in der Natur gesehen, denn leuchtende Lebewesen sind weit verbreitet. Glühwürmchen, auch Leuchtkäfer (Johanniskäfer) genannt, Meeresleuchten (winzige Algen), Leuchtquallen, Leuchtgarnelen, Laternenfische und zahlreiche in der Tiefsee lebende Fische lassen in ihrem Körper ähnliche chemische Reaktionen ablaufen, die zu grünen, blauen, roten oder gelben Leuchterscheinungen führen.

Der Furcht einflößende Anglerfisch besitzt über seinem Kopf eine Art Angel mit einem leuchtenden »Knubbel« daran, der als Köder für lebende Beute dient.

Der in Südamerika lebende Feuerkäfer sendet ein so helles grünliches Licht aus, dass die Einheimischen diese Käfer sogar als Leselampe verwenden.

GRÜNES LEUCHTPULVER

Du brauchst:
- *Luminol (s. o.)*
- *rotes Blutlaugensalz (s. o.)*
- *Waschpulver bis 95 °C / Vollwaschmittel*
- *Messer*
- *verschließbares Gefäß (z. B. Marmeladenglas)*
- *Esslöffel (EL)*
- *Teelöffel (TL)*
- *Glas*

Wenn du dir ein »kaltes Licht« auf Reisen, zum Zelten o. ä. mitnehmen willst, musst du dir ein haltbares Leuchtpulver zubereiten. Kaum zu glauben, aber mit normalem Vollwaschmittel kannst du dir ein grünes Leuchtpulver herstellen!

Mische in einem verschließbaren Gefäß 1 EL Waschpulver mit 1 TL roten Blutlaugensalz. Füge nun eine Messerspitze Luminol hinzu. Gut vermischen!
Um das »kalte Licht« in Gang zu setzen, brauchst du das Leuchtpulver einfach nur in Wasser zu geben: etwa 1 TL Leuchtpulver auf 1 Glas Wasser. Beim Auflösen des Pulvers beginnt die grüne **Chemolumineszenz**. Je nach Waschmittel ist die Lichtintensität mal stark, mal schwach. Probiere verschiedene Waschpulver aus!

◆ **Erklärung**
Im Vollwaschmittel sind zwei Stoffe enthalten, die für die Chemolumineszenz-Reaktion nötig sind: Seife und Bleichmittel. Die Seifen (Tenside) machen das Wasser alkalisch, die Bleichmittel liefern den **Sauerstoff**. Als Bleichmittel werden Natriumperborat und Natriumperoxocarbonat eingesetzt. Beide Stoffe setzen bei Kontakt mit Wasser Sauerstoff frei. Das Luminol reagiert unter Einwirkung des Blutlaugensalzes mit dem Sauerstoff, und schon beginnt das grüne Leuchten.
Das Leuchtpulver kannst du monatelang aufbewahren.

CHEMISCHE RÄTSEL DES ALLTAGS

9. *Eisen verbrennt nur durch Glühen, z. B. bei einer Wunderkerze. Warum verbrennt Eisen ohne Flamme?*
a) Weil Eisen zu hart ist.
b) Weil Eisen keine brennbaren Gase entwickelt.
c) Weil Eisen gar nicht verbrennen kann.

10. *Warum ist in einer Kerzen- oder Feuerzeugflamme in der Mitte ein dunkler, brauner Fleck?*
a) Weil die Flamme in der Mitte kälter ist als außen und oben.
b) Weil der schwarze Docht diesen Bereich dunkel färbt.
c) Weil in der Mitte zu viel Sauerstoff vorhanden ist.

Lösungen auf Seite 48

LEXIKON

Aminosäure
Bausteine der → *Eiweiße (Proteine)*. Es gibt 20 natürlich vorkommende Aminosäuren auf der Erde. Sie sind die Bauelemente von Zehntausenden von Proteinen in allen Lebewesen: im Menschen, in Tieren, in Pflanzen, in Bakterien.

Atom
Sehr, sehr kleines, elektrisch neutrales Teilchen, das aus einem positivem Kern und einer negativen Elektro--nenwolke besteht. Ein einziges Sauerstoff-Atom wiegt nur 0,000 000 000 000 000 000 000 03 Gramm! Alle Stoffe bestehen aus Atomen.

Cellophan
Ein → *Kunststoff*, der aus → *Cellulose*, Natronlauge und einer Schwefelverbindung hergestellt wird. Cellophan ist glasklar und reißfest (Verpackungsfolie). Daher wird es auch Zellglas genannt. Cellophan wurde 1911 erfunden.

Celluloid
Celluloid ist ein → *Kunststoff* aus Cellulosenitrat (stickstoffhaltige → *Cellulose*) – einem Sprengstoff (!) – und Kampfer. Durch Zugabe von Farbstoffen kann es beliebig eingefärbt werden. Celluloid wurde 1865 erfunden und diente vor allem als Ersatzstoff für kostbare Naturstoffe, wie z. B. Elfenbein, Ebenholz, Bernstein und Korallen.

Cellulose
Dieser Naturstoff besteht aus etwa 2 000 bis 5 000 Zuckerbausteinen, die sich wie Spaghetti zu langen Bündeln zusammen lagern. Cellulose wird aus Baumwolle (ca. 100 % Cellulose) und Holz (ca. 50 % Cellulose) gewonnen.

Chemolumineszenz
Leuchterscheinung aufgrund einer chemischen Reaktion (*lumen* bedeutet lateinisch »Licht«).

Edelmetalle, edel
Zu den Edelmetallen gehören z. B. Gold und Platin. Diese Metalle sind in ihrem Aufbau schon so »gesättigt«, dass sie sehr selten mit einem anderen → *Element* reagieren.
Eisen dagegen ist »ungesättigt«, unedel und reagiert gerne mit → *Sauerstoff*: Rost entsteht (Eisenoxid).

Eiweiße (Proteine)
Große, kugel- oder fadenförmige → *Moleküle*, die z. B. die Verdauung regeln, Haare bilden oder für den Zellaufbau im Körper wichtig sind. Ohne Proteine kein Leben!

Element
Ein Element besteht nur aus → *Atomen* der gleichen Art. Elemente sind die Grundstoffe der Natur, z. B. → *Sauerstoff* (O_2), Eisen (Fe), Kohlenstoff (C), Stickstoff (N_2), Gold (Au). Es gibt 92 natürlich vorkommende Elemente auf der Erde.

Kohlenhydrate
»Energie-Substanzen«, die aus Tausenden von Zuckerbausteinen aufgebaut sind, z. B. → *Stärke* und → *Cellulose*.

Kunststoffe
Kommen nicht in der Natur vor, sondern werden im Chemie-Labor hergestellt. Kunststoffe entstehen durch das Verknüpfen von vielen kleinen Bausteinen zu langen Ketten und großen Geflechten.

Molekül
Teilchenverbund aus zwei oder mehr → *Atomen*, die durch chemische Bindungen zusammengehalten werden, z.B. Wasser (H_2O), → *Sauerstoff* (O_2), Zucker ($C_6H_{12}O_6$).

Oxid
→ *Sauerstoff*-Verbindungen; meistens als Metalloxide, wie z. B. Eisenoxid (Rost), Magnesiumoxid (Magnesia).

Oxidation, oxidieren
→ Sauerstoff-Aufnahme

Oxidationsmittel
Ein Oxidationsmittel »hilft« einer → *Oxidation*, einer Sauerstoff-Aufnahme, und liefert dafür den benötigten → *Sauerstoff*.

Reduktion, reduzieren
→ *Sauerstoff*-Abgabe

Reduktionsmittel
Ein Reduktionsmittel »hilft« einer → *Reduktion*, einer Sauerstoff-Abgabe, und »entreißt« den → *Sauerstoff*.

Sauerstoff
Gasförmiges, zweiatomiges → *Element* mit der Formel O_2. In der Luft befinden sich rund 21 % Sauerstoff.

Stärke
Der wichtigste Energielieferant für unseren Körper. Stärke (Mehl) besteht aus Tausenden von Zuckerbausteinen und ist wie eine Spirale aufgebaut. Stärke findest du u. a. in Kartoffeln, Reis, Getreide, Nudeln, Brot.

Thermoplaste
→ *Kunststoffe*, die sich bei Erwärmung verformen lassen und beim anschließenden Abkühlen die neue Form beibehalten.

Zuckerketten
Bestehen aus Zuckerbausteinen; kurze Zuckerketten aus zwei Bausteinen bilden den gewöhnlichen Haushaltszucker und den Milchzucker, lange Zuckerketten aus Tausenden Bausteinen bilden → *Kohlenhydrate*, z. B. → *Stärke*, → *Cellulose*, Chitin (= Panzer der Insekten).

Bezugsquellen für spezielle Chemikalien (über Apotheke)
Fluka Chemie GmbH / Sigma-Aldrich Laborchemikalien GmbH
Tel.: 08 00 / 5 15 50 00 (gebührenfrei)
www.sigma-aldrich.com

Leybold Didactic GmbH
Tel.: 0 22 33 / 60 40
www.leybold-didactic.com

Phywe Systeme GmbH
Tel.: 08 00 / 5 67 12 61 (gebührenfrei)
www.phywe.de

Auflösung der Rätsel
1. a, 2. a, 3. b, 4. b
5. c, 6. b
7. b, 8. c
9. b, 10. a